LA LIBERTÉ

SANS LICENCE

OU

LA LIBERTÉ DEVANT L'OPINION PUBLIQUE

JURYS NATIONAUX

Par MENIER

NÉGOCIANT, ARMATEUR, FABRICANT DE SUCRE ET DE CHOCOLAT
MEMBRE DE LA SOCIÉTÉ D'ÉCONOMIE POLITIQUE
ET DE LA SOCIÉTÉ INTER^le DES ÉTUDES PRATIQUES D'ÉCONOMIE SOCIALE
CONSEILLER GÉNÉRAL DU DÉPARTEMENT DE SEINE-ET-MARNE

JUIN 1871

PARIS

LECHEVALLIER, LIBRAIRE-ÉDITEUR
RUE DE RICHELIEU, 60

—

1871

PARIS. — TYPOGRAPHIE DE HENRI PLON
RUE GARANCIÈRE, 8.

PRÉFACE.

Liberté! ce n'est pas d'aujourd'hui que j'en suis le partisan absolu.

Avant les élections législatives de 1869, j'écrivais :

« Je suis de ceux qui pensent que la France n'a rien à
» redouter de la liberté; je désire donc l'extension de toutes
» celles qui sont compatibles avec l'ordre : liberté indivi-
» duelle, liberté de la presse, liberté religieuse, liberté
» commerciale, liberté de réunion.

» L'ordre dans la liberté, voilà la base de tous les progrès
» et de toutes les prospérités. »

En 1870, au temps des candidatures officielles, lorsque je posai ma candidature au Conseil général dans le département de Seine-et-Marne, j'osai me dire candidat libéral et indépendant.

Qu'entendez-vous par là? me demandèrent les électeurs dans les réunions électorales où je fus convoqué.

Indépendant? répondis-je... J'indique par là que je suis libre de tout engagement. Je n'appartiens à aucune coterie. J'approuve ce qui me semble bien, je blâme ce que je trouve être mal, sans me préoccuper des personnes ni des partis.

Libéral?.... Cette qualité me semblerait plus difficile à justifier, et je n'oserais même pas en parler, si je n'avais la certitude que la liberté compatible avec l'ordre peut être contenue dans ses limites, et même que sans liberté il n'y a pas d'ordre possible.

Pour contenir la liberté dans ses limites naturelles, hors desquelles elle n'est plus que licence avec le désordre et l'anarchie pour escorte, je ne vois d'autre frein que l'opinion publique.

Comment l'opinion publique peut-elle être modératrice de la liberté?

Tel est le sujet de la brochure que j'écris aujourd'hui, et pour laquelle je réclame à la fois l'attention et la bienveillance de tous mes concitoyens.

SIMPLE EXPOSÉ.

J'ai divisé cette étude en deux parties :

La première, destinée à définir la liberté en général et les diverses dénominations qui ont servi à en distinguer les applications diverses, est plutôt une compilation de textes recueillis chez les auteurs qui ont attiré l'attention des esprits sur les questions politiques, qu'une composition originale.

Elle a pour but de combattre beaucoup d'idées fausses sur la liberté, mot qu'on a tant de fois travesti.

Dans la deuxième partie, après avoir distingué la liberté de la licence, j'essaye de montrer par quel moyen la liberté peut être maintenue dans certaines bornes.

L'opinion publique et un jury national institué pour en être la manifestation, peuvent seuls, à mon avis, réprimer les excès qui se commettent au nom de la liberté, en conservant la mesure qui sauvegarde tous les principes.

PREMIÈRE PARTIE.

DÉFINITION DE LA LIBERTÉ.

Il n'est pas de plus belle définition de la liberté, à mon avis, que celle qui est inscrite dans la *Déclaration des Droits de l'homme et du citoyen* promulguée l'an II de la République.

Il n'en est pas de plus orthodoxe pour un républicain.

C'est celle-là que j'adopte.

« *La liberté est le pouvoir qui appartient à l'homme de faire tout ce qui ne nuit pas aux droits d'autrui. Elle a pour principe la nature; pour règle, la justice; pour sauvegarde, la loi; sa limite morale est dans cette maxime :* Ne fais pas a un autre ce que tu ne veux pas qui te soit fait. »

Et j'ajouterai : *Fais à autrui ce que tu voudrais qu'il te fût fait à toi-même.*

Voltaire l'a aussi définie : « La liberté est uniquement le pouvoir d'agir. »

Telle est la liberté dans son acception la plus large, la plus complète.

Je pourrais me contenter de cette définition si, dans la lutte contre le despotisme, on n'avait pour ainsi dire dépecé la liberté, pour l'arracher membre à membre des griffes des despotes.

« La nécessité d'énoncer ces droits suppose ou la présence ou le souvenir récent du despotisme. » (*Droits de l'homme*, VII.)

C'est là ce qui a donné lieu à ces dénominations de liberté

individuelle, liberté de la presse, liberté religieuse, liberté commerciale, liberté de réunion, liberté politique.

M. Thiers les a aussi dénommées : « les libertés nécessaires ».

Un mot sur chacune de ces portions de liberté, qui constituent le progrès au fur et à mesure qu'une nation les acquiert, et qui, je le prouverai, sont toutes indispensables à l'existence de la République.

LA LIBERTÉ INDIVIDUELLE.

La liberté a pour principe la nature (1). De là résulte que tout homme est libre en venant au monde. Il ne peut se vendre ni être vendu (2); nul n'a le droit de détenir un individu en un lieu qui n'a pas été destiné à servir de maison d'arrêt (3); nul ne doit être accusé, arrêté ni puni que dans les cas déterminés par la loi et selon les formes qu'elle a prescrites.

Tout acte exercé contre un homme hors des cas et sous les formes que la loi détermine est arbitraire et tyrannique (4).

Tels sont les principes fondamentaux de la liberté individuelle, et les lois qui la garantissent sont très-sévères chez tous les peuples civilisés.

(1) Droits de l'homme, art. VI.
(2) Droits de l'homme, art. XVIII.
(3) Instr. cr., art. 615.
(4) Droits de l'homme, art. X.

« Nul de vous n'est assez peu éclairé, dit J. J. Rousseau, pour ignorer qu'où cesse la rigueur des lois et l'autorité de leurs défenseurs, il ne peut y avoir ni sûreté ni liberté pour personne. »

A certaines époques, en certaines circonstances, il y a des lois d'exception, comme la loi de sûreté générale, la loi de l'état de siége, qui portent une grave atteinte à la liberté individuelle. Il n'entre pas dans mon cadre de les apprécier ici, mais il est à remarquer que la tyrannie et la guerre des partis sont presque toujours l'origine de ces mesures déplorables dans leur principe comme dans leurs conséquences.

« Il n'y a guère que chez les peuples libres où l'on sache ce que vaut un homme (1). »

LIBERTÉ DE LA PRESSE.

Le droit de manifester sa pensée et ses opinions, soit par l'usage de la presse, soit de toute autre manière, ne peut être interdit (2).

« La liberté de penser et celle de dire ce que l'on pense sont un tel besoin pour l'homme qui sait les apprécier, qu'il renoncerait à tout plutôt qu'à cette jouissance. »

Voilà comment s'exprime Mirabeau, et avant lui Voltaire écrivait :

(1) J. J. Rousseau.
(2) Droits de l'homme, art. VII.

« Nous devons être jaloux des droits de notre raison comme de ceux de notre liberté, car plus nous serons des êtres raisonnables, plus nous serons des êtres libres.

» Soutenons la liberté de la presse, c'est la base de toutes les libertés, c'est par là qu'on s'éclaire mutuellement. Chaque citoyen peut parler par écrit à la nation, et chaque lecteur examine à loisir et sans passion ce que ce compatriote lui dit par la voie de la presse. Nos cercles peuvent quelquefois être tumultueux, ce n'est que dans le recueillement du cabinet qu'on peut bien juger. C'est par là que la nation anglaise est devenue une nation libre. Elle ne le serait pas, si elle n'était pas éclairée ; et elle ne serait point éclairée, si chaque citoyen n'avait pas chez elle le droit d'exprimer ce qu'il veut. »

Et après Voltaire, Camille Desmoulins s'écriait : « Quel est le meilleur retranchement des peuples libres contre les invasions du despotisme ? C'est la liberté de la presse. Et ensuite, le meilleur ? c'est la liberté de la presse. Et après, le meilleur ? c'est encore la liberté de la presse. — Dire que cette liberté est dangereuse à la république, cela est aussi stupide que si on disait que la beauté peut craindre de se mettre devant une glace. »

Le vertueux Bailly disait aussi : « La publicité est la sauvegarde du peuple. »

Le rôle de la presse ainsi défini par les hommes qui ont tant contribué à la régénération de l'humanité n'est malheureusement pas celui qu'elle remplit en France.

La presse est monopolisée par suite des impôts du timbre et du revenu. Les riches capitalistes à qui est donnée la faculté d'avoir un organe, et les journalistes qui consentent à recevoir l'inspiration des hommes dupouvoir, ne peuvent qu'égarer l'opinion publique dans leur intérêt personnel ou dans celui de leur parti.

Proclamer la liberté de la presse et la courber sous d'aussi lourds impôts, c'est proclamer pour tout Français la liberté d'être millionnaire; or, qu'est-ce qu'un droit dont on ne peut user?

C'est cette situation fausse et sans dignité du journalisme qui fait trop souvent dégénérer la polémique en personnalités injurieuses et blessantes.

L'influence du journalisme monopolisé écrase non-seulement l'individu isolé, mais pèse beaucoup trop sur la masse de la nation à qui elle s'impose, et qu'elle peut tromper en fabriquant une opinion factice. Dix individus qui parlent toujours persuadent plus facilement que cent mille qui se taisent. Ce monopole, qui est mortel pour la liberté, n'est pas moins dangereux pour l'autorité, qui, calomniée dans l'opinion publique, est peu à peu sapée dans sa base. En Angleterre, la presse n'est que le reflet de l'opinion publique, tandis qu'en France chacun règle la sienne sur celle de son journal. Or, un grand nombre de journaux agissent souvent dans l'intérêt de leur parti, plutôt que dans celui du pays.

Le journalisme est pourtant très-utile; il est même indispensable pour la manifestation des intérêts et des volontés. Il est tour à tour le soleil et la pluie des intelligences. Mais si, au lieu de laisser la pluie descendre naturellement en petites gouttes légères et infinies qui rafraîchissent la terre et ravivent les plantes, vous la répandez à torrents sur quelques parties seulement du sol, son action sera dévastatrice.

« La presse monopolisée est infiniment dangereuse, car elle peut tromper à la fois le gouvernement et le pays. A la veille d'une grande crise, si le propriétaire du journal le vend au gouvernement, à l'opposition ou à des prétendants, ne rend-il pas ainsi une partie de l'opinion publique coupable du crime que commettrait une sentinelle qui, à la veille d'une bataille, passerait à l'ennemi? Est-ce que ce scandale ne s'est pas vu plusieurs fois? (1) »

Avec la liberté complète, nous aurons une presse qui sera un service d'intérêt public et non une boutique à nouvelles; les rédacteurs gagneront en dignité, et l'opinion publique, manifestée avec sincérité, aura une grande influence sur nos gouvernants.

Est-ce que l'Angleterre, où la liberté de la presse est absolue, a tant à redouter de son application?

Si, avec un régime de liberté, quelques écarts se produisent encore, ils seront peu nombreux, et l'opinion publique, manifestée comme je le dirai plus loin, suffira à les réprimer.

LIBERTÉ RELIGIEUSE.

M. Thiers a écrit quelque part :

« Le clergé se rappelant que la licence fut longtemps la compagne de l'esclavage, reconnaîtra lui-même que le premier et le naturel effet de la liberté est le retour de l'ordre, de la décence et du respect pour les objets de la vénération publique. »

C'est en effet la liberté seule qui permettra à l'idée religieuse de reprendre la place qu'elle doit occuper tant dans

(1) Sandon.

l'éducation que dans la moralisation de nos sociétés modernes.

Mais ce n'est pas une liberté étroite et mesquine qu'il faut pour cela, il la faut aussi large que possible.

« La liberté la plus illimitée de religion, dit Mirabeau, est à nos yeux un droit si sacré, que le mot de tolérance qui voudrait l'exprimer nous paraît en quelque sorte intolérant lui-même, puisque l'existence de l'autorité qui a droit de tolérer attente à la liberté de penser par cela même qu'elle tolère, et qu'ainsi elle pourrait ne pas tolérer. »

De nos jours, la tolérance est entrée dans les mœurs; il nous reste un progrès à accomplir : l'Église libre dans l'État libre.

Ce progrès obtenu, tous les inconvénients qui résultent du concordat du 10 juillet 1801, du décret du 25 février 1810 concernant l'édit de 1682, tomberaient d'eux-mêmes aussi bien que toutes les complications suscitées par la question du pouvoir temporel.

Tous les autres abus qui pourraient se produire par suite de l'empiétement des ministres de la religion sur le domaine politique, seraient également du ressort de la juridiction de l'opinion publique et soumis au jury.

LIBERTÉ COMMERCIALE.

La liberté commerciale comporte bien des subdivisions. Il serait trop long de vouloir énumérer ici tout ce qui se

rattache à un aussi vaste sujet : les questions de libre
échange, de douane, de transports; les questions mari-
times et de droit international, la réglementation des
métiers et des industries, les lois sur les sociétés commer-
ciales, sur les coalitions; autant de questions que vingt
volumes ne suffiraient pas à développer d'une manière
complète.

Je me contenterai de dire que je suis partisan de la liberté
absolue des transactions.

« Nul genre de travail, de culture, de commerce, ne peut
être interdit à l'industrie des citoyens (1). »

Je ne suis pas pour les traités de commerce, mais tem-
porairement pour des tarifs légèrement protecteurs.

Toute exagération des droits n'est souvent qu'un profit
pour le producteur au détriment du consommateur.

Je trouve ensuite que, lorsqu'un pays comme la France
a une marine déjà peu prospère, il est inconséquent de
frapper de gros droits les produits qui forment la base du
fret. — Il n'y a presque pas de fret de sortie : en suivant
le système proposé par les protectionistes, on arrivera à
n'avoir plus de fret d'arrivée.

C'est l'anéantissement de la marine marchande.

Au lieu de développer toutes les forces vives de notre
pays si cruellement éprouvé, on réussira à lui faire plus de
mal que la guerre elle-même.

Voilà ce à quoi nous devons tendre, car ce que dit Mirabeau à propos des manufactures est vrai pour tout ce qui
donne lieu à un commerce quelconque :

« Il n'y a de vrais et d'utiles moyens d'encourager les
manufactures que dans la plus entière liberté d'en établir

____

(1) Droits de l'homme, art. XVII.

de grandes et de petites en tous temps et en tous lieux. Mais cette liberté en suppose beaucoup d'autres; ou plutôt, il n'y a de liberté ni publique, ni privée, stable et plénière, de quelque espèce que ce soit, que dans la restitution illimitée de tous les droits naturels de l'homme. Liberté civile de tous les sujets, liberté de l'industrie, liberté de religion, liberté de penser, liberté de la presse, liberté des choses et des hommes..... là se résume tout l'art de gouverner; là comme en un germe fécond réside la prospérité des États. »

La prospérité basée sur des droits prohibitifs est une prospérité apparente et factice. La production seule peut en tirer profit. L'effet produit sur la consommation se manifeste par un ralentissement dans le mouvement industriel.

Voilà pour la liberté commerciale qui doit dériver de l'influence de l'État et de la Loi. Mais c'est dans les relations des commerçants entre eux que cette liberté dégénère trop souvent en licence, sous la forme de concurrence déloyale et de contrefaçon. Il importe de faire rentrer dans la limite morale de la liberté ceux qui s'en écartent.

C'est encore à l'opinion publique que je demanderai de réprimer ces écarts, et elle est toute-puissante pour cela, j'espère le démontrer.

LIBERTÉ DE RÉUNION.

Le droit de s'assembler *paisiblement* ne peut être interdit (1). Sans la liberté de réunion, la vie politique est

(1) Droits de l'homme, art. VII.

aussi impossible que le progrès social dans les masses.

C'est en vain que le pouvoir s'opposera à l'exercice de ce droit. Le besoin de s'unir, de s'associer est tel, que, malgré les injonctions de l'autorité, il y aura des réunions secrètes où des associations dangereuses pour l'État prendront naissance, surtout parmi les citoyens peu instruits, qui ont moins de scrupule de violer la loi que les citoyens instruits.

Les premiers acquièrent par l'union une force dangereuse contre laquelle les citoyens éclairés, sérieux, pleins de respect pour la loi, se trouvent isolés, faibles, et parfois deviennent des victimes.

Cela s'est vu de nos jours, il n'y a qu'à le constater. Les partisans du désordre et de l'anarchie, malgré la défaite de l'insurrection, sont puissants surtout parce qu'aucune association ne vient contre-balancer leur influence.

C'est vers ce groupe que convergent tous les mécontents, parce que seul il est assez puissant pour braver l'autorité, et c'est à cette nécessité de résistance qu'est due la cohésion de tous ses membres.

La liberté de réunion serait le meilleur dissolvant des associations dangereuses.

Les réunions ayant pour but l'instruction étant propagées le plus possible, enlèveraient à ces groupes la plus grande partie de ceux qui s'y sont affiliés par ignorance et par esprit d'opposition plutôt que par conviction.

Voilà comment pourraient être conjurés les effets qu'on en redoute pour la société.

A côté des groupes de travailleurs ouvriers, qui croient être les seuls travailleurs, on aurait les travailleurs de la pensée, de la plume, également groupés, et sous le drapeau du travail s'opérerait la fusion entre tous ceux qui devraient s'entr'aider au lieu de se haïr parce qu'ils ne se connaissent pas.

Si, la liberté de réunion étant admise, les réunions n'étaient pas paisibles, ce ne serait plus qu'une affaire de police contre les perturbateurs.

LIBERTÉ POLITIQUE.

La liberté politique est le droit de chacun de participer, suivant ses facultés, à la fondation et à la direction du gouvernement.

Elle s'exerce par le vote. En voici les principes, proclamés par la déclaration des Droits de l'homme :

« XXIX. Chaque citoyen a un droit égal de concourir à la formation de la loi et à la nomination de ses mandataires ou de ses agents.

XXIII. La garantie sociale consiste dans l'action de tous pour assurer à chacun la conservation de ses droits.

XXVI. Aucune portion du peuple ne peut exercer la puissance du peuple entier, mais chaque section du souverain assemblé doit jouir du droit d'exprimer sa volonté avec une entière liberté.

V. Tous les citoyens sont également admissibles aux emplois publics; les peuples libres ne connaissent d'autres motifs de préférence dans leurs élections que les vertus et les talents.

XXX. Les fonctions publiques sont essentiellement temporaires; elles ne peuvent être considérées comme des distinctions ni comme des récompenses, mais comme des devoirs. »

Après l'énonciation de ces principes, tous commentaires seraient superflus.

C'est la condamnation du système irritant et mensonger des candidatures officielles.

Une armée de fonctionnaires se substituant à l'opinion du pays, c'est le justiciable qui choisit ses juges, qui les intimide, qui les encourage, en un mot, qui les corrompt.

L'absence de liberté dans les votes produit des candidats tout disposés à s'accommoder d'un régime si tyrannique qu'il soit. La prospérité du pays a fort à en souffrir, et les libertés locales, dont ils devraient être les défenseurs, n'ont pas de pires ennemis qu'eux.

« Les libertés locales, dit Lallemant, sont la vie intime, la force, la santé du corps social. Pourquoi la Grèce tout entière a-t-elle été couverte d'une prodigieuse quantité de monuments de toute espèce, d'œuvres d'art admirables, jusque dans les plus petits *dèmes?* Pourquoi cette surface exiguë a-t-elle produit encore plus de grands hommes dans tous les genres? Pourquoi ses enfants ont-ils porté jusqu'au délire l'enthousiasme et l'orgueil national? C'est que la moindre bourgade faisait elle-même ses affaires. Les municipes romains jouissaient de la même liberté dans l'administration des affaires purement locales, et jamais, sous la république ou sous les empereurs, le pouvoir n'a cessé d'être compacte. »

Montesquieu dit aussi : « L'avantage d'un État libre est que les revenus y sont mieux administrés; mais lorsqu'ils le sont plus mal, l'avantage d'un État libre est qu'il n'y a point de favoris. »

Et ailleurs : « La liberté politique est tout entière dans l'idée que chaque citoyen se fait de sa sûreté. »

Grâce à la liberté politique, les erreurs ne se perpétuent

pas, et un meilleur choix parmi les administrateurs répare
le mal qui n'a pas eu le temps de se développer et de de-
venir irrémédiable.

Les ennemis de la liberté répètent qu'il serait dangereux
de multiplier les luttes électorales. D'abord il faut constater
que si le suffrage universel a donné des solutions contra-
dictoires, il s'est toujours exercé avec un grand calme.

Mais encore, pourquoi redouter une certaine agitation
politique dans le peuple qui se prépare à aller au scrutin ?

« Demander dans un État *libre* des gens hardis dans la
guerre et timides dans la paix, c'est vouloir des choses im-
possibles; et, pour règle générale, *toutes les fois qu'on verra
tout le monde tranquille dans un État qui se donne le nom de
république, on peut être assuré que la liberté n'y est pas.*

» Ce qu'on appelle union dans un corps politique est
une chose très-équivoque : la vraie est une union d'har-
monie qui fait que toutes les parties, quelque opposées
qu'elles nous paraissent, concourent au bien général de la
société, comme des dissonances dans la musique concourent à l'accord total. Il peut y avoir de l'union dans un État
où l'on ne croit voir que du trouble, c'est-à-dire une har-
monie d'où résulte le bonheur qui seul est la vraie paix. Il
en est comme des parties de cet univers, éternellement liées
par l'action des unes et la réaction des autres. »

Cette opinion de Montesquieu est vérifiée par celui qui a
vécu aux États-Unis. Nulle part il ne semble y avoir plus
d'agitation, surtout pendant les périodes électorales. Et
pourtant, est-il un pays, aux yeux de celui qui le consi-
dère à distance, qui réunisse mieux les conditions de
force, d'ordre, de progrès, d'économie et de stabilité
d'une grande et puissante république ?

DEUXIÈME PARTIE

LA LIBERTÉ NE S'OCTROIE PAS.

Un cliché dont la valeur a été surfaite, c'est celui de Napoléon III parlant de la liberté comme couronnement de l'édifice. Il comprenait si bien que la liberté absolue était indispensable à la vie de la France qu'il se résignait à la promettre, et pour n'avoir pas à tenir sa promesse, il plaçait au sommet ce qui doit être la base de l'édifice social.

Une autre erreur qu'il commettait, comme beaucoup d'autres avant lui : il avait la prétention d'accorder, d'octroyer la liberté. Mais, hélas! la liberté ne se donne pas. Il faut pour être libre en être digne, c'est la seule condition.

Sieyès s'écriait : « Vous voulez êtes libres, et vous ne savez pas être justes! »

« La patrie, dit J. J. Rousseau, ne peut subsister sans la liberté, *ni la liberté sans la vertu*. »

Montesquieu met ces mots dans la bouche de Sylla qui avait abdiqué la dictature : « J'ai cru qu'étant sur la terre, il fallait que j'y fusse libre. Né dans une république, j'ai obtenu la gloire des conquérants, en ne cherchant que celle des hommes libres.

» Vous étiez libres, ai-je dit aux Romains, et vous vouliez vivre en esclaves? Non. Mais mourez, et vous aurez l'avantage de mourir citoyens d'une ville libre. J'ai cru qu'ôter la liberté à une ville dont j'étais citoyen était le plus grand de tous les crimes. »

Cependant les causes de décadence, la corruption minaient les Romains. César vint, et Rome s'inclina. Quelques républicains survivaient, César tomba sous leur fanatisme, et « à la mort de César, dit ailleurs Montesquieu, il arriva ce qu'on n'avait jamais encore vu : il n'y eut plus de tyran et il n'y eut pas de liberté, car les causes qui l'avaient détruite subsistaient toujours. »

En serait-il de même aujourd'hui pour la France ? Napoléon III, mort pour le trône, assisterait-il à l'agonie de nos libertés ?

Car, sous son règne, il imita les Romains, qui, lorsqu'ils laissaient la liberté à quelques villes, y faisaient d'abord naître deux factions (Polybe). « L'une défendait les lois et la liberté du pays, l'autre soutenait qu'il n'y avait de loi que la volonté des Romains; et comme cette dernière faction était toujours la plus puissante, on voit bien qu'une pareille liberté n'était qu'un vain nom (1). »

Peut-on mieux définir la politique impériale ?

Mais je ne redoute pas pour la France la fin malheureuse de Rome, et je puise cette confiance dans l'histoire de la revendication de nos libertés depuis 1789.

L'enthousiasme inouï qui a soulevé à cette époque toute la France pour la liberté ne s'est pas éteint, il ne s'est transformé qu'en un rêve de gloire, hélas! bien triste au réveil.

La liberté n'était pas morte, car Louis XVIII fut obligé d'accepter ce que la volonté du peuple exigeait de lui, tout en se donnant l'air d'*octroyer* une charte. Le style royal exigeait le mot. C'est en vain qu'il essaya d'endormir le peuple, de l'endoctriner par les missions des Jésuites. Lorsque les fameuses ordonnances parurent sous Charles X,

____

(1) Montesquieu.

le peuple se leva et balaya ceux qui oubliaient leurs engagements envers la nation.

La révolution de 1848 prouva que l'idée libérale n'était pas morte sous la royauté bourgeoise de Louis-Philippe, et s'il fallut Sedan pour ouvrir les yeux aux comparses sans le savoir de la comédie de la liberté sous l'Empire, le 4 septembre, la défense de Paris, les élections municipales du 30 avril, démontrent que nous mûrissons pour la liberté.

Il en est qui s'effrayent pour la République de ces chutes périodiques qui semblent préparer la voie aux tyrannies. A ceux-là, je mettrai sous les yeux cet autre texte de Montesquieu : « Ce qui fait que les États libres durent moins que les autres, c'est que les malheurs et les succès qni leur arrivent leur font presque toujours perdre la liberté ; au lieu que les succès et les malheurs d'un État où le peuple est soumis, confirment également sa servitude. »

Le dernier Napoléon, en commençant si légèrement la guerre contre la Prusse, aurait-il spéculé sur les *succès* et les *malheurs* de la France qu'il croyait *soumise*, pour confirmer sa *servitude?* Est-ce là-dessus encore que les partisans du pouvoir personnel basent leurs intrigues pour une restauration bonapartiste?

La révolution du 4 septembre, le vote de déchéance de l'Assemblée nationale, doivent leur dire que vaines sont leurs espérances.

Mais profitons de la leçon qui suit : « Une république sage ne doit rien hasarder qui l'expose à la bonne ou à la mauvaise fortune. Le seul bien auquel elle doit aspirer, c'est à la perpétuité de son état. »

Il importe surtout de savoir user de la liberté. Il ne faut pas qu'elle dégénère en licence.

LIBERTÉ ET LICENCE.

Toutes les fois que, sous prétexte de liberté, on nuira aux droits d'autrui, on tombera dans la licence. *Ne fais pas à un autre ce que tu ne veux pas qui te soit fait.* Voilà la limite morale de la liberté.

« La liberté absolue, dit Lallemand, est celle de la force brutale, de l'égoïsme et de l'isolement, de la lutte et de la guerre ; c'est celle des sauvages.

» Notre liberté à nous est celle de la réciprocité et de la justice. »

« Les hommes en se réunissant en société n'ont renoncé à aucune partie de leur liberté naturelle, puisque dans l'état de la plus grande indépendance, nul d'eux n'a jamais eu le droit de nuire à la liberté, ni à la propriété, ni à la sûreté d'autrui. Grande vérité encore trop peu connue, mais qui deviendra un jour la loi fondamentale de tous les corps politiques (1). »

Cette prédiction de Mirabeau doit se vérifier de nos jours, si nous réussissons à résoudre le problème de la liberté sans cette licence qui est le plus grand obstacle à ce qu'elle règne parmi nous.

C'est à la puissance de l'opinion publique que nous demanderons de triompher des écarts de la liberté.

L'opinion publique, qui est le résultat, la somme des jugements faits par *tout le monde,* doit être une force équiva-

(1) Mirabeau.

lente à la liberté, qui est le pouvoir donné à *tous* de faire ce qui ne nuit pas aux droits d'autrui. Si la liberté s'écarte de la route qui lui est assignée par la raison, l'opinion peut et doit la ramener dans sa voie.

Comment procédera-t-elle? comment prononcera-t-elle ses arrêts? C'est là le point capital de ce travail, car tout ce qui précède, définitions de la liberté, citations, historique, n'est que le préambule du chapitre suivant.

L'OPINION PUBLIQUE ET LA LIBERTÉ.

C'est à l'opinion publique à réprimer tous les écarts de la liberté, autrement dit, la licence et les désordres qui l'accompagnent.

Sous quelle forme l'opinion publique pourra-t-elle instruire de ces délits, et, après jugement, prononcer ses arrêts?

C'est à un jury spécial analogue à celui qui s'occupe des expropriations, et qu'on pourrait nommer *jury national des libertés*.

Ce jury sera composé de tous les citoyens âgés de vingt-cinq ans sachant lire et écrire, qui seront tenus par la loi de siéger tour à tour au tribunal de l'opinion.

On soumettrait à ce jury tous les attentats contre la liberté, aussi bien que tous les excès auxquels on se porterait sous prétexte de liberté.

Délits de presse en matière politique, introduction de la

politique à l'église, diffamations, abus du droit de réunion,
délits d'outrage contre la religion, attentat contre la liberté
individuelle des citoyens, concurrence déloyale, contrefaçon, autant de cas qui seraient de la compétence de ce
jury.

Ceux que le jury aurait déclarés coupables seraient punis
conformément aux lois.

Ce jury serait la meilleure et la plus puissante manifestation de l'opinion publique. Tous les citoyens seraient as-
treints à y siéger, tout comme l'on est tenu de monter sa
garde, lorsqu'on est de la garde nationale.

A ceux qui croiraient l'idée irréalisable, probablement
parce qu'elle est nouvelle, je leur conseillerai de lire le
passage peu connu d'un rapport fait par Hérault le 10 juin
1792 à la Convention, sur la Constitution du peuple français, et ils jugeront par l'analogie, si mon idée, neuve dans
cette spéciale application, n'a pas déjà pour elle la sanction
du temps.

« C'est ici le moment de vous entretenir de ce *juré national*, de cette grande institution, dont la majesté du
souverain a besoin, et qui, sans doute, désormais sera
placée à côté de la Représentation elle-même. Qui de nous,
en effet, n'a pas été souvent frappé d'une des plus coupables réticences de cette Constitution dont nous allons enfin
nous affranchir? Les fonctionnaires publics sont responsa-
bles, et les premiers mandataires du peuple ne le sont pas
encore. Comme si un représentant pouvait être distingué
autrement que par ses devoirs et par une dette plus rigou-
reuse envers la patrie, nulle réclamation, nul jugement ne
peuvent l'atteindre. On eût rougi de dire qu'il serait im-
puni ; on l'appelle *inviolable*. Ainsi les anciens consacraient
un empereur pour le légitimer ! La plus profonde des injus-

tices, la plus écrasante des tyrannies nous a saisis d'effroi. Nous en avons cherché le remède dans la formation d'un Grand Juré, destiné à venger le citoyen dans sa personne, des vexations (s'il en pouvait survenir) du Corps législatif et du Conseil. Un tribunal imposant et consolateur, créé par le peuple, à la même heure et dans les mêmes formes qu'il crée ses représentants; auguste asile de la liberté, où nulle vexation ne serait pardonnée, et où tout mandataire coupable *n'échapperait pas plus à la justice qu'à l'opinion*. Mais ce ne serait pas assez d'établir ce juré, de lui donner une existence parallèle à la vôtre; il nous a paru grand et moral de vous inviter à déposer dans le lieu de vos séances l'urne qui contiendra les noms réparateurs de l'outrage, afin que chacun de nous craigne sans cesse de les voir sortir. Comparons la différence des siècles et des institutions même républicaines. Jadis le triomphateur, sur son char, se faisait ressouvenir de l'humanité par un esclave. A des hommes libres, à des législateurs français, *l'urne du juré national* exposera tous leurs devoirs. »

J'ai voulu citer ce passage tout au long, parce que je crois que les législateurs y trouveront une ligne toute tracée sur l'organisation qu'on pourrait donner à ce jury de la liberté.

Dira-t-on encore que ce jury ne sera pas sérieux, qu'il ne condamnera pas?

Loin de moi l'idée d'inspirer à un tribunal une sévérité souvent déplacée. Mais il suffira, je crois, que l'on sache que le tribunal existe, pour qu'on ne cherche point à enfreindre certains principes, à dépasser certaines limites. Le tricorne du gendarme dans les campagnes suffit souvent pour prévenir les méfaits des malfaiteurs.

Il arrivera, sans doute, que ce jury condamnera rarement ceux qui seront traduits devant lui; sur dix coupables, il n'en condamnera peut-être qu'un seul. Mais qu'est-ce que cela fait?

Cette seule et unique condamnation par ce jury sera plus puissante comme répression des abus que toutes les condamnations des juges ordinaires, parce que ce jury représente l'opinion.

On ne peut mieux apprécier cette puissance de l'opinion publique sur nos actions les plus indifférentes et sur nos idées, que lorsque l'on songe à celle qu'elle exerce dans beaucoup de villes de la province. C'est poussé là jusqu'au ridicule. Tel est républicain au fond, qui à peine osera le dire à l'oreille d'un ami très-intime. « Que dirait M. X***, s'il savait que je pense ainsi ? »

Or, cette police abusive, mesquine et non organisée, que l'opinion publique exerce en province, il faut l'organiser, la diriger, la rendre grande, utile, et l'introduire dans ces villes-gouffres qu'on appelle Paris et Lyon.

DE L'INSTITUTION DU JURY NATIONAL DES LIBERTÉS.

En Angleterre, les lois anciennes ne sont jamais expressément abrogées, lors même que des lois nouvelles viendraient quasi contredire celles des époques antérieures.

Cela paraît au premier abord très-ridicule et d'une application très-difficile. Eh bien! il n'en est rien, grâce à l'organisation des jurys, qui examinent les accusés en dehors de la loi, et apprécient, selon les mœurs de l'époque, les faits qui leur sont soumis. C'est abstraction faite des textes de lois qu'ils jugent le fait en lui-même, et lorsqu'ils ont déclaré l'accusé coupable, c'est au juge à rechercher la loi et le châtiment qu'elle inflige au coupable.

Cette méthode tient le juge tout à fait en dehors des débats, qu'il ne fait que présider, et la magistrature, qui est ainsi en dehors de toute question politique, est plus respectée par ceux qui ne peuvent l'accuser d'avoir condamné sous l'influence de divergences d'opinion.

Or, si, par le progrès des temps, ce qui était autrefois digne des foudres de l'opinion devient banal et n'excite plus la réprobation générale, l'accusé est déclaré non coupable et la loi sommeille.

L'application des jurys pour l'appréciation d'une multitude de faits, beaucoup plus fréquente qu'en France, est pour beaucoup dans la liberté dont jouissent nos voisins d'outre-mer.

L'opinion, qui sur des actes isolés fait son apprentissage de juge, arrive à juger assez sainement les actes politiques, pour que les hommes d'État reconnaissent la nécessité de consulter le baromètre de l'opinion avant d'agir, et lorsqu'un ministère n'est plus d'accord avec l'opinion, il faut qu'il se retire, révolution pacifique, pleine de grandeur et de raison, réalisation sublime de la liberté politique !

Qui ne reconnaîtra que l'institution du jury national des libertés peut amener la France à ce degré de perfection ? Il est douteux que dès les premières fois les arrêts de ces jurys soient irréprochables ; mais peu à peu l'éducation se fera ; une certaine jurisprudence s'établira, il y aura des traditions.

Comme, d'ailleurs, il faudra savoir lire et écrire pour siéger à ce tribunal et avoir vingt-cinq ans accomplis, on n'aura plus à redouter qu'une ignorance des jurés cause des erreurs regrettables et dangereuses.

Je n'entreprendrai pas de déterminer ici quel sera le nombre des jurés, à quels jours ils se réuniront, quelle sera la durée des sessions, quelle sera la procédure suivie pour traduire devant elle les accusés, quels seront les juges à leur adjoindre pour présider ces débats et prononcer le jugement en cas de culpabilité reconnue, à quelle juridiction on pourra appeler des décisions de ce tribunal, etc. Je laisse toutes ces questions aux législateurs qui auraient à donner à mon idée la forme juridique convenable. Je me contente d'énoncer le principe, de signaler les avantages moraux et politiques qui en résulteraient pour l'établissement et le fonctionnement de la liberté, « à qui nous faisons toujours payer les dettes de la licence », comme le dit justement M. de Laboulaye.

GLOIRE ET LIBERTÉ.

S'il est accepté que les idées de liberté qui ont germé et pris du développement dans toutes les têtes ne peuvent plus en être extirpées, il faut que nos hommes politiques se résignent à compter avec elles dans leurs procédés de gouvernement.

« Une lutte déjà ancienne existe à ce sujet entre les divers États de l'Europe. Nous avons vu et nous verrons encore l'Europe séparée en deux camps : d'un côté seront les monarchies absolues; de l'autre, les gouvernements de liberté (1). »

(1) Conty.

« L'Europe sera république ou cosaque », a dit Napoléon Ier. Cosaque ou prussienne, c'est tout un.

Nous laisserons-nous faire sans résister? La meilleure manière de résister, c'est d'acquérir d'abord la liberté.

« La liberté vaut mieux qu'une bonne armée, car la liberté sait se défendre et ne sait point conquérir », écrivait Mirabeau, après avoir apprécié l'organisation de l'armée prussienne et prédit les désastres de la France opprimée, si elle en venait aux mains avec la Prusse.

Mais les souverains absolus auront beau faire; des cordons sanitaires, des lignes douanières doubles et triples, des murailles de la Chine ne sauraient préserver leurs sujets de la contagion des idées nouvelles.

Il n'y a donc plus qu'une seule préoccupation à avoir, c'est de se mettre à la tête du mouvement pour le maîtriser, le diriger, l'utiliser pour le bonheur de tous et de chacun.

On a tenté de faire diversion à ce besoin de liberté chez le peuple, en allumant dans son imagination le désir de la gloire; mais celle-ci est plus facile à acquérir que la liberté. Pour obtenir de la gloire, il ne faut que du courage, chose assez commune en France; pour mériter la liberté, il faut être instruit, vertueux et juste.

La liberté est le premier besoin de la France; son bonheur est à ce prix; la gloire viendra par surcroît. Fi de la gloire payée aux dépens de la liberté!

Comme tout le faste des cours et la fausse grandeur de tous les dignitaires d'une monarchie me paraissent méprisables, quand je rêve à cette république décrite par J. J. Rousseau, et dont on voudrait être avec lui l'un des citoyens :

« J'aurais choisi la république où les particuliers, se

contentant de *donner la sanction aux lois*, et de décider en corps et sur le rapport des chefs les plus importantes affaires publiques, établiraient des tribunaux respectés, en distingueraient avec soin les divers départements, éliraient d'année en année les plus capables et les plus intègres de leurs concitoyens pour administrer la justice et gouverner l'État; et où la vertu des magistrats portant ainsi témoignage de la sagesse du peuple, les uns et les autres s'honoreraient mutuellement. De sorte que si de funestes malentendus venaient à troubler la concorde publique, ces temps même d'aveuglement et d'erreur fussent marqués par des témoignages de modération, d'estime réciproque et d'un commun respect pour les lois; présages et garants d'une réconciliation sincère et perpétuelle. »

Le *jury national des libertés* peut réaliser cet âge d'or de la République.

MÉNIER.

PRÉFACE.

Préface. 3

Simple exposé. 5

PREMIÈRE PARTIE.

   I. Définition de la liberté. 6

  II. Liberté individuelle. 7

 III. Liberté de la presse. 8

 IV. Liberté religieuse. 11

  V. Liberté commerciale. 12

 VI. Liberté de réunion. 14

VII. Liberté politique. 16

DEUXIÈME PARTIE.

 VIII. La liberté ne s'octroie pas. 19

  IX. Liberté et licence. 22

   X. L'opinion publique et la liberté. 23

  XI. *De l'institution du jury national des libertés.* 26

 XII. Gloire et liberté. 28

PARIS. TYPOGRAPHIE HENRI PLON, 8, RUE GARANCIÈRE.